El Sistema de Ejercicios Internos Basado en la Ciencia para una Resiliencia Inquebrantable, Maestría Emocional y Rendimiento Óptimo

I0558834

PODERES
SOMÁTICOS

Desbloquea tu Héroe Interior y Conquista los Desafíos de la Vida

Por
SANDRA LARSEN
Defensora de la Salud Mental
Creadora del Método Innercises

PODERES SOMÁTICOS

Desbloquea tu Héroe Interior y Conquista los Desafíos de la Vida

Índice

"Reconoce, acepta y honra que mereces tu más profunda compasión y amor."

- NANETTE MATHEWS

Introducción

En un mundo que constantemente nos lanza retos inesperados, es fácil sentirse abrumado, estresado o ansioso. Sin embargo, con estos Innercises somáticos en tu arsenal, encontrarás recursos internos. Tendrás el poder de encontrar calma en medio del caos y construir una base inquebrantable de resiliencia mientras accedes a tus superpoderes innatos.

Ya sabes lo importante que son el ejercicio y una buena nutrición, pero enfrentar momentos desafiantes requiere algo más. Requiere conciencia, aceptación y la capacidad de HACER algo al respecto. Las técnicas basadas en evidencia que encontrarás en este libro están diseñadas para ayudarte a superar cualquier obstáculo que se presente. Cada Innercisees como una joya oculta, esperando ser descubierta y pulida a la perfección. Es probable que prefieras algunos más que otros, y está bien. A medida que dominas cada uno, desarrollarás una mayor autoconciencia, inteligencia emocional y valentía.

Lo mejor de todo es que la clave para desbloquear tu potencial neural innato ya está dentro de ti. ¡Tú puedes! ¿Estás listo para embarcarte en un viaje transformador de autodescubrimiento y empoderamiento centrado en el corazón? Puedes aprender a desbloquear los secretos para experimentar paz interior, resiliencia al estrés y un potencial ilimitado para alcanzar tus metas y aspiraciones, integrando todas tus habilidades y objetivos para convertirte en la mejor versión de ti mismo.

El mundo puede ofrecer muchas oportunidades, pero también hay limitaciones. Esto está destinado a guiarte hacia el descubrimiento de tu poder único, escondido dentro de ti. El camino surge a medida que muestras el valor de seguir a tu corazón. Navegas tu camino hacia adelante con cada paso, respiro y pensamiento. Sin una conexión con tu corazón, todo está perdido. Sin embargo, tener el valor de conectarte con tus sentimientos reales a lo largo del camino puede transformar tu viaje en "El Viaje del Héroe". Sí, ¡tú! Al igual que en la película "La Historia Sin Fin". ¿La recuerdas? Si no, quizás quieras verla de nuevo. El personaje principal era un niño que no podía aceptar que tenía algún poder en su mundo. A donde mirara, había caos y trauma. La Nada se apoderó, destruyendo todo el mundo y amenazando la existencia de todos los reinos. Su incredulidad era tan fuerte que se negaba incluso a intentarlo. Estaba en un estado neural de abrumo; "No puedo". Eso era todo lo que podía decir. El trauma que experimentó lo dejó entumecido y sin conexión interna.

Al principio, se dio cuenta del desafío, pero no podía aceptarlo. Una vez que aceptó los hechos y comenzó a actuar sobre ese conocimiento, la transformación de Atrayu en el superhéroe comenzó a tener lugar. Una vez que te das cuenta de tu poder interno y aceptas la responsabilidad, no hay vuelta atrás. Tu nuevo camino es uno de transformación hacia la mejor versión posible de ti mismo. Sigue estas prácticas y te encontrarás avanzando a gran velocidad hacia algunos de los descubrimientos más emocionantes que cualquier ser humano haya hecho. ¿Estás listo?

¡Vamos a empezar! No estamos aquí solo para hablar de ello; es momento de actuar. Aquí tienes algunos pasos sencillos para empezar a conectar con tu poder interno. Cuanto más te conectes con ellos, más efectivos se volverán hasta que se conviertan en una segunda naturaleza para ti. Ni siquiera tendrás que pensarlo, y te convertirás en alguien con recursos internos, funcionando de esta manera de forma automática. Puede que te preguntes por qué; ¿cuál es el beneficio?

"Interocepción: la brújula que nos guía a través del laberinto de nuestro mundo interior."

01.

Espacio Interno, Espacio Externo

Uno de los beneficios proviene de expandir tu capacidad de sentir desde dentro. La ciencia llama a esto interocepción. El acto de percibir tu mundo interior comienza simplemente al darte cuenta de cosas básicas como "Tengo hambre" o "Necesito ir al baño". Con el tiempo, y con esfuerzo consciente, esto puede evolucionar a percibir otros cambios internos, como "Mi corazón está latiendo muy rápido ahora" o "Mi instinto dice que no haga eso". Esto puede llevar a una mayor presencia, empatía e intuición. Es posible que ya tengas una noción de esta experiencia. ¡Llevémoslo al siguiente nivel!

La interocepción es la capacidad de ser consciente de las sensaciones internas del cuerpo, incluyendo el ritmo cardíaco, la respiración, el hambre, la saciedad, la temperatura, el dolor y las sensaciones emocionales. La interocepción responde a la pregunta "¿Cómo me siento?" ¿Puedes percibir tu latido del corazón? ¿Y una sensación en el estómago? Al principio debes recordártelo, pero con el tiempo se convierte en algo natural.

Por ejemplo, cuando entras en una habitación, ¿puedes sentir algo en tu estómago, verdad? Esa sensación proviene de percibir tu entorno; si lo sientes como 'seguro' o 'no seguro' proviene de tu interior. Tu sistema nervioso desarrolló esta habilidad para sobrevivir. Esto permite una respuesta instantánea en lugar de tomarte tiempo para pensar en cuestiones de vida o muerte.

¿Puedes recordar un momento en el que sentiste algo en tu estómago que te hizo responder de una manera que luego resultó ser muy valiosa? O tal vez esto te pasa todo el tiempo. O quizás estás en algún punto intermedio.

En una escala del cero al diez, 0—————————-10

donde el cero representa ninguna conciencia de conexiones internas o sabiduría y el diez una conciencia casi constante de algún tipo de conexión interior, ¿qué número representa tu posición? ¿Cambia?

¿Eres consciente en absoluto de esta capacidad y cómo te afecta? Si no es así, ¿estarías dispuesto a intentarlo? ¿Podría esta capacidad ser la clave para desbloquear otros superpoderes? Sí, puede serlo, ¡incluso aquellos que aún no conoces! Lo verás.

La imagen de la derecha representa nuestro derecho de nacimiento: muestra la conexión completa desde nuestro poder interno, irradiando hacia afuera en todos los niveles. Los chakras están todos iluminados, girando y vibrando en colores vivos. El corazón está abierto, y el campo electromagnético entero es radiante y arcoíris, irradiando hacia el exterior. Esto representa a un ser humano integrado que ha desarrollado la capacidad de impactar el mundo y está energéticamente anclado a la Tierra, conectado arriba con la Luz y emanando poder brillantemente desde dentro.

Mientras tanto, la imagen de la izquierda representa a un ser humano en un estado de desintegración; hay una falta de conexión interna. El mundo les impacta con gran fuerza. Esto es miedo, agobio y falta de poder. Podría ser debido a muchas cosas, como un evento traumático que lleva a un estado de sobrecarga. Puede ser temporal (piensa en un 'cercano accidente') o una marca a largo plazo de un evento intenso. Incluso podría ser una sensación intensa de desgracia inminente que simplemente no pasa.

Estas dos imágenes representan los extremos de un continuo. Tal vez hayas experimentado ambos. La mayoría de nosotros existimos en algún lugar entre los dos. Esperemos que te estés acercando a la imagen de la derecha. Puede que no siempre te sientas tan brillante y resplandeciente, pero una vez que hayas experimentado destellos de ello, tu curiosidad te impulsa hacia adelante.

Existen muchos niveles en tu existencia. A medida que evolucionas, aprendes a 'sentir' dentro de ti mismo, tus relaciones y tu entorno. Para algunos, esto puede ser una imagen; para otros, puede ser un sentimiento o un pensamiento. Cada uno responde de manera única.

"La interocepción es la capacidad de percibir nuestro estado interno y es un componente crítico de la autorregulación. Es el proceso de dirigir la atención hacia las sensaciones, sentimientos y pensamientos dentro de nuestro cuerpo. Esta conciencia interna es esencial para comprender nuestras necesidades y emociones, y para desarrollar la habilidad de regularlas de manera efectiva."

- STEPHEN PORGES

02.

Primero lo Primero

El primer paso es la toma de conciencia. Es como si un Jedi sintiera una perturbación en El Campo. El segundo paso es la aceptación. A partir de ahí, surgen muchas opciones. Así que aquí estás, con una conciencia de que te gustaría acceder y desarrollar tus fortalezas internas. Has aceptado esto como un empeño digno. Está bien tener dudas, pero sigue avanzando. Primero lo primero. Recuerda hacer una pausa al menos una vez cada hora. Respira profundamente cada vez que lo pienses. En unos pocos párrafos más, estarás listo para comenzar tu primer Innercise.

Un punto principal a entender es que las decisiones que tomas dependen de si tu sistema nervioso está percibiendo seguridad. El sistema nervioso regula nuestra fisiología. Por ejemplo, si entras en una habitación y de inmediato sientes que algo no está bien en tu interior, podrías optar por salir. Probablemente elijas quedarte si entras en una habitación y te sientes seguro.

Una tercera posibilidad es que no seas consciente de tu capacidad para percibir tu entorno. Puede que ni siquiera notes que has entrado en una situación insegura. Tal vez el suelo está mojado y resbaladizo, tal vez alguien está actuando de manera agresiva en esa habitación, o alguien ha rociado veneno. No saberlo puede ser peligroso. Por eso es tan crucial para la supervivencia de la humanidad este conocimiento; has evolucionado la capacidad de sentir el peligro desde tu interior; esto es la interocepción.

Recuerda ese momento "¡Eureka!" en 'La Historia Interminable' cuando Atreyu se detuvo y se dio cuenta de que sí tenía la capacidad y el poder desde dentro para aceptar y responder a la amenaza de 'La Nada'? Había sido tan abrumador para él, y sin embargo, su aceptación provocó el surgimiento de superpoderes increíbles más allá de sus sueños más salvajes. Ya no era un joven impotente, emergió como un superhéroe que salvaba el mundo. ¿Qué cambió? Fue una sensación que tomó conciencia desde dentro y encontró el coraje para aceptar. Luego empezó a actuar. ¡Su transformación surgió desde dentro!

Cuando percibes seguridad, tienes una mayor capacidad para sentir y para interoceptar. Puedes hacer pausas y conectar mejor con los demás. Puedes conectar con tus sentimientos más fácilmente y expresarlos o procesarlos mejor.

Cuando no percibes seguridad, tiendes a centrarte más en tus pensamientos sobre la situación y desconectarte de tus sentimientos. Los pensamientos pueden volverse más temerosos y rápidos. Tal vez no te has sentido seguro durante un período de tiempo y estás acostumbrado a estar insensible. Cuando regresa la capacidad de sentir, percibir o interoceptar, tus sentimientos pueden parecer enormes, abrumadores o simplemente muy crudos. Es importante recordar que esto se equilibrará con el tiempo a medida que te acostumbres a sentir de nuevo y aprendas a manejar las olas con más gracia. Es un proceso.

La interocepción puede no darte superpoderes como volar o ser invisible, pero puede ayudarte a desarrollar una especie de 'superpoder interno'. Al aprender a sintonizarte y comprender las señales de tu cuerpo, puedes volverte más consciente de tus emociones, tomar mejores decisiones y desarrollar una mayor resiliencia frente al estrés y los desafíos. Aunque no sea un superpoder llamativo, esta fortaleza interna y la autoconciencia pueden ayudarte a navegar por las subidas y bajadas de la vida de manera fácil y confiada.

"Prestar atención a nuestras señales interoceptivas es la clave para desbloquear la puerta entre nuestros mundos internos y externos."

03.
La Lista

La práctica de enfocarse en las sensaciones interoceptivas antes y después de realizar un Innercise o actividad es una estrategia muy efectiva y puede fortalecer tu capacidad para interoceptar. Este libro ofrece una guía paso a paso e incluye una lista de términos que describen posibilidades en relación con tu estado neural actual, así como un compendio de prácticas Innercise entre las que puedes elegir.

Hacer estos chequeos puede mejorar tu intuición y ayudarte a despertar otros superpoderes. Incluso podrías sorprenderte a ti mismo y descubrir que puedes cantar realmente bien, o que decides aprender un nuevo idioma, instrumento o pasatiempo y te das cuenta de que eres muy bueno en ello. Puedes descubrir que ahora posees un talento aún mayor.

Este es un camino hacia la percepción de frecuencias más altas. ¡Incluso podrías encontrar dones que nunca supiste que tenías! Aunque al principio pueda requerir algo de diligencia, pronto esta habilidad comenzará a automatizarse y puede cambiar tu vida de manera profunda.

Lee estas listas de términos. Nota que hay cuatro secciones. Revisa cada sección por separado. A medida que avances por cada lista de palabras, descubre cuáles de ellas te resultan familiares y anota las que 'se ajusten' a tu estado actual:

Mis Pensamientos son...

Curioso	Demasiado	Desesperanza
Mente clara	enfocado o	Estancado
Creativo	desenfocado	Atrapado
Flexible	Difícil concentración	Congelado
Enfoque y	Perspectiva	Disperso
concentración	negativa	Desorientado
Perspectiva positiva	Rígido	Soñador
	Pensamientos	Confusión
	repetitivos	Mente en blanco
	Pensamientos	Olvidadizo
	rápidos	

Después de revisar la lista de tus pensamientos, pasa a la lista de sentimientos, luego a la del cuerpo, y por último, a la lista de acciones. Una vez completes las cuatro secciones, tendrás una lista de palabras que podrían describir tu estado neural actual. Ahora estás listo para el siguiente paso: ¡practicar tu primer Innercise!

Siéntete libre de modificar tu lista con el tiempo y añadir nuevas palabras si no las ves aquí. ¡Crea tu propio vocabulario neural! ¡Hazlo tuyo! Aunque es cierto que todos tenemos el mismo sistema nervioso, cada uno de nosotros responde de manera única. Además, tu respuesta puede cambiar con el tiempo, así que tómate unos momentos para hacer un chequeo antes y después de cada vez. ¡Es un gran conjunto de habilidades!

Mis Sentimientos Son...

Feliz	Irritable	Entumecido
Alegría	Gruñón	Apatía
Amor	Molesto	Vergüenza
Estado de ánimo	Vengativo	Paralizado
equilibrado	Enojado	Impactado
Agradecido	Furia	
Confiado	Preocupado	
Cómodo	Ansioso	
	Temeroso	
	Terror	
	Pánico	

Mi Cuerpo Se Siente...

Vibrante	Músculos tensos	Músculos muy
Músculos	Respiración rápida y	tensos o
relajados	superficial	excesivamente
Respiración	Frecuencia cardíaca	blandos
uniforme	rápida	Frecuencia cardíaca
Frecuencia	Manos y pies fríos	lenta
cardíaca	Sudoroso y caliente	Respiración lenta y
moderada	Boca seca	superficial
Digestión y	Mala digestión	Entumecimiento
eliminación	Estreñimiento	Mareo
fáciles	Inquieto	Pálido
Movimientos	Agitado	Ojos desenfocados
faciales	Tembloroso	Visión borrosa
expresivos	Habla rápida	Expresión facial
Prosodia vocal	Ojos que se mueven	plana
	rápidamente	Voz monótona
	Sueño deficiente	Torpe

Mis Acciones con los demás son...

Sintonizado	Impaciente	Desconectado
Receptivo	Enfocado en uno	No receptivo
Interactivo	mismo	Apagado
Paciente	Confrontativo	Desconectado
Confiado	Evasivo	Aislado
	Defensivo	
	Ofendido	

¡GENIAL! Gracias por tomarte el tiempo para completar esta primera fase del proceso. Esta es una forma única y poderosa de mejorar tu capacidad para interoceptar o sentir desde dentro. Puede que te tome unas semanas o meses empezar a ver resultados, pero este es el camino. Mantente en ello. Sin hacer el chequeo de las listas antes y después, solo sería otra actividad. Añadir conexiones neurales es lo que hace que este proceso sea tan poderoso, ¡y es entrenamiento para el cerebro!

Encontrarás una amplia variedad de Innercises para elegir en las siguientes páginas. Puedes explorarlos con el tiempo. Por ahora, comienza con esta práctica fundamental y poderosa de HeartMath™. ¡La Coherencia Interna es una de las favoritas! Asegúrate de escribir sobre ello también. Incluso si solo anotas unas pocas palabras, más adelante podrás mirar hacia atrás y ver patrones emerger. ¡Aquí vamos! Tómate tu tiempo con el paso 2. Una vez completes esta práctica, revisa las cuatro listas nuevamente. Busca cualquier cambio. Escríbelo.

"Cuando logramos la coherencia interna, nos convertimos en los arquitectos de nuestra propia realidad, moldeando una vida que resuena con nuestras verdades más profundas."

04.

Coherencia Interna HeartMath™

La Coherencia HeartMath™ es una técnica eficaz y fácil de aplicar para regularte a ti mismo. Ayuda a equilibrar rápidamente tu sistema nervioso al alinear el ritmo de tu corazón con el de tu cerebro.

Paso 1: Enfoque en el Corazón

Centra tu atención en el área de tu corazón. Imagina que tu respiración fluye a través de él, entrando y saliendo con cada inhalación y exhalación. Mantén tu atención allí mientras avanzas.

Paso 2: Sentir el Corazón

Activa un sentimiento positivo o renovador, como la gratitud, el cuidado o el amor. Siente cómo ese sentimiento emana desde tu corazón mientras respiras.

Paso 3: Respiración del Corazón

Observa cómo tu respiración se hace más lenta y profunda mientras te concentras en tu corazón. Siente cómo tu respiración se sincroniza con los latidos de tu corazón.

Paso 4: Mantén el Enfoque

Sigue respirando con el enfoque en el corazón durante unos minutos, sosteniendo el sentimiento positivo. Conéctate con las sensaciones en lugar de pensar o juzgar tus sentimientos.

Ahora, por favor, revisa las listas nuevamente (más abajo). A medida que examines cada lista de palabras, identifica cuáles, si es que alguna, se relacionan con tu estado actual. Anota las palabras que 'se ajusten' a tu estado actual. Busca cualquier cambio o alteración. ¿Qué notas? ¿Ha cambiado o se ha resuelto algo?

Mis Pensamientos Son...

Curiosos	Sobre-enfocados o desenfocados	Desesperanza
Mente clara	Dificultad para concentrarse	Atascado
Creativos		Atrapado
Flexibles		Congelado
Enfoque y concentración	Perspectiva negativa	Dispersos
Perspectiva positiva	Rígidos	Desconectado
	Pensamientos repetitivos	Soñador
	Pensamientos rápidos	Confusión
		Mente en blanco
		Olvidadizo

Mis Sentimientos Son...

Feliz	Irritable	Entumecido
Alegría	Gruñón	Apatía
Amor	Molesto	Vergüenza
Estado de ánimo	Rencoroso	Paralizado
equilibrado	Enojado	Impactado
Agradecido	Rabia	
Confiado	Preocupado	
Cómodo	Ansioso	
	Miedoso	
	Terror	
	Pánico	

Mi Cuerpo Se Siente...

Vibrante	Músculos tensos	Músculos muy
Músculos relajados	Respiración rápida y	tensos o
Respiración	superficial	excesivamente
equilibrada	Frecuencia cardíaca	blandos
Frecuencia cardíaca	rápida	Frecuencia cardíaca
moderada	Manos y pies fríos	lenta
Digestión y	Sudoroso y caliente	Respiración lenta y
eliminación fáciles	Boca seca	superficial
Movimientos	Digestión deficiente	Entumecimiento
faciales expresivos	Estreñimiento	Mareos
Prosodia vocal	Inquieto	Pálido
	Agitado	Ojos desenfocados
	Tembloroso	Visión borrosa
	Habla rápida	Expresión facial
	Ojos que se mueven	plana
	rápidamente	Voz monótona
	Sueño deficiente	Torpe

Mis Acciones con los demás son...

Sintonizado	Impetuoso	Desconectado
Receptivo	Centrado en uno	No receptivo
Interactivo	mismo	Apagado
Paciente	Confrontacional	Desconectado
Confiado	Evasivo	Aislado
	Defensivo	
	Ofendido	

¡Felicidades! ¡Lo hiciste! Gracias por tomarte el tiempo para completar las tres fases de este proceso. Este es un método único y poderoso para mejorar tu capacidad de interocepción. Con práctica, percibir tu estado neural actual se volverá una segunda naturaleza, pero por ahora, es importante seguir este proceso cada vez.

Sin revisar las listas antes y después, se convierte en una actividad ordinaria. Crear conexiones neuronales adicionales es lo que hace que este proceso sea tan poderoso.

Tómate tu tiempo para conocer todos los Innercises en este libro. Puedes elegir seguir con esta Práctica de Coherencia Interna o probar otra; incluso puedes combinarlas y hacer más de una a la vez si eso te funciona. Explora lo que te funciona con el tiempo. Algunas personas prefieren ciertas prácticas sobre otras.

Encontrarás una copia de las listas de vocabulario al final de este libro.

1 Prepárate revisando las palabras en la lista

2 Elige y practica la receta de Innercise

3 Revisa la lista nuevamente, observando cualquier cambio

"El secreto para desbloquear tu fuerza interior y resiliencia radica en el poder de una práctica somática diaria: un ritual sagrado que nutre tu mente, cuerpo y alma."

-SANDRA LARSEN

05.

Práctica Diaria

A medida que avanzas, esta práctica en tres fases no toma mucho tiempo. Al principio, puede parecer un poco lenta, pero cuanto más la practiques, más fluida y parte de tu día se volverá. Pronto, no tendrás que hacer un esfuerzo consciente; se volverá automática y tus habilidades se expandirán con el tiempo. Tu atención y tu intención se volverán más centradas. Incluso podrías volverte más intuitivo. Dale tiempo a esta práctica y sé constante. Cuanto más frecuente sea tu interacción con estos Innercises, más pronto verás resultados. Celebra incluso los pequeños logros.

Cada uno de nosotros tiene un mundo interior y un mundo exterior. Algunas personas están más conectadas internamente que otras. Está bien, pero trabajar en conectarte más contigo mismo puede llevarte a una nueva sensación de control en tu vida. Esto puede llevarte por un camino completamente diferente al de quienes no están conectados internamente. ¡La evolución de tus poderes comienza ahora!

"En el espacio sagrado entre el estímulo y la respuesta yace el poder de la pausa: un regalo transformador que nos permite elegir nuestro camino hacia adelante con intención y gracia."

06.

La Pausa

Comenzar cada día con la intención de hacer una pausa y verificar tu estado antes de hacer cualquier cosa puede impactar significativamente tu progreso. Explora tener un ritual diario de tomar diez respiraciones profundas mientras te concentras en lo que agradeces antes de comenzar tu día. Esto puede ayudar a que tu sistema nervioso tenga un poco más de resiliencia.

Algunos días, podrías tener más tiempo y agregar a esto, convirtiéndolo en un ritual matutino. Por ejemplo, podrías intentar un escaneo corporal, una práctica de meditación o un automasaje. Empezar cada día con una sensación de seguridad permite una mayor presencia y calma durante tus actividades diarias, en lugar de operar en piloto automático y luego preguntarte dónde se fue el día. Algunas personas prefieren hacer esto por la noche debido a su horario. Está bien, ¡de cualquier manera! Mientras tengas el hábito diario de comenzar tu día con al menos una breve práctica de interocepción.

> *PRIMERO, antes de levantarte de la cama:*
> *Toma 10 respiraciones profundas mientras te*
> *concentras en lo que sientes gratitud o amor.*

Si hay días en los que no realizas ninguna de estas prácticas, no te desanimes; solo tómalo en cuenta. Asegúrate de hacerlo al día siguiente. Incluso puedes reírte de ello. "¡Oh, vaya, no hice ni una pausa para revisar hoy!" Algunos días son así. Está bien; es solo parte de ser humano. Más importante es celebrar el proceso y mantener un tono positivo en tu diálogo interno, lo que traerá resultados más rápidamente. El mundo puede ser un poco agitado a veces, por lo que saber que no te criticarás todo el día puede aliviar algo de ansiedad.

> *Observa tu diálogo interno; habla contigo mismo con*
> *amabilidad.*

Una breve pausa, con la mano en tu corazón, mientras tomas una respiración profunda, puede interrumpir la activación de estados neuronales de defensa como el ataque, huida o congelación. Incluso podrías comenzar a sentir a tu corazón como tu pequeño compañero. "¡Te tengo, nosotros podemos, hagámoslo!" Esto resulta en un mejor desenlace en lugar de "¡Oh, no... soy tan tonto!"

Puedes engañarte pensando que no importa, pero aquí tienes un secreto: TODO importa. TÚ importas. Tómalo con calma. Disfruta cada momento. Harás mejores elecciones y verás mejores resultados.

"La presencia es la clave que abre la puerta a la maravilla y belleza del aquí y ahora."

07.

Presencia

Encuentra un momento tranquilo donde puedas ir hacia tu interior y bajar el volumen de tus pensamientos por unos momentos.

- *Encuentra un zumbido o incluso el susurro de un zumbido.*

- *Coloca tu mano en el lugar de tu cuerpo donde resuena el sonido.*

- *Coloca tu mano en la parte superior de tu cabeza y dirige la vibración hacia arriba y fuera por la parte superior de tu cabeza.*

- *Ahora coloca una mano en tu corazón y la otra en tu abdomen. Siente esa vibración y llévala de vuelta a tu corazón.*

- *Haz un sonido de susurro-zumbido.*

- *Ahora abre la boca mientras haces ese sonido.*

Tanto se puede liberar a través de esos sonidos. También se puede restaurar mucho.

¿Te sientes más presente después?

Siente eso y escribe en tu diario sobre cualquier cambio que notes. Hay una Luz interna dentro de ti. Una que puedes dirigir usando tu atención e intención. Esto es física, no es magia.

Hay varias maneras de sostener esta información. Cada una es válida. Encontrarás la forma que mejor se adapte a ti. ¡Diviértete con ello! A medida que te sientas más seguro y presente, estarás más emocionado por asegurarte de que haces una pausa para practicar un Innercise o dos a lo largo del día.

Tal vez quieras mantener las cosas científicas, lo cual está bien; toma notas y escribe en tu diario, y con el tiempo, comenzarás a ver los resultados de tu experimento. O tal vez te sientas más juguetón y elijas evolucionar en un héroe con poderes. Esta es tu elección; incluso puedes cambiar cómo lo sostienes, así que explora. De cualquier manera, estos son regalos internos que nadie conoce más que TÚ. ¡Diviértete con esto!!

"El Abrazo de la Mariposa: un abrazo suave que calma el alma y sana las heridas del pasado."

08.

El Abrazo de la Mariposa

1 Cruza los brazos sobre tu pecho, con las manos reposando en tus hombros como si te estuvieras abrazando a ti mismo. Los dedos deben apuntar hacia tus clavículas y los pulgares deben estar enganchados.

2 Comienza a dar golpecitos alternos en tus hombros como si tus dedos fueran las alas de una mariposa. Golpea a un ritmo que te resulte cómodo y relajante.

3 Enfócate en tu respiración mientras das los golpecitos. Respira lenta y profundamente, tratando de relajar tu cuerpo tanto como sea posible.

4 Visualiza un lugar tranquilo y seguro mientras haces los golpecitos, como una hermosa playa o un bosque pacífico.

5 Practica el Abrazo de la Mariposa regularmente, incluso cuando no te sientas estresado o ansioso. Esto te ayudará a familiarizarte más con la técnica y a usarla con mayor facilidad cuando la necesites.

"La conciencia física es el primer paso para liberar la tiranía del pasado."

- BESSEL A. VAN DER KOLK

09.

Creando Conciencia

Recuerda que existe una conciencia asociada a estas actividades. Por ejemplo, puedes notar que tienes una nueva conciencia sobre si estás percibiendo seguridad o peligro. Así, cuando sientas que NO estás seguro, podrás reconocerlo de inmediato y actuar en consecuencia hasta que estés nuevamente a salvo. Pronto te darás cuenta de que pasas menos tiempo preguntándote si estás a salvo; en cambio, sabrás, por las señales que envía tu cuerpo: mi respiración se ha desacelerado, mi corazón no late tan rápido, o estoy durmiendo mejor últimamente.

Ahora, puedes usar la imagen de convertirte en un océano de seguridad con pequeñas islas de 'no seguro' para negociar con el tiempo. Puedes aprender a confiar en tu voz interior como una guía interna. Puedes confiar en que sentirás una 'arruga' o una 'perturbación en el campo' si hay peligro o amenaza. Esto también aumenta tu confianza en ti mismo. Tu perspectiva del mundo cambia hacia una mayor sensación de seguridad y una creencia en tu capacidad para impactar tu mundo.

Sin esa conciencia interna, ni siquiera podrías darte cuenta de las situaciones peligrosas hasta que sea demasiado tarde. Podrías sentir que existes en un océano de peligro con solo pequeñas islas de seguridad. Podrías temer constantemente actos aleatorios de peligro en tu mundo. Incluso podrías encontrar más difícil confiar en alguien o en algo. Puedes sentirte negativamente impactado por el mundo. No saber, por sí mismo, puede resultar en ansiedad, miedo crónico y enfermedad.

Al confiar desde dentro, puedes percibir mejor tus propios instintos y seguir tus corazonadas. Esto lleva a una mayor seguridad y permite pasar más tiempo en coherencia interna, donde el cuerpo funciona mejor. Esto se conoce como homeostasis, la capacidad de restaurar el equilibrio y la totalidad.

Hay muchas formas de avanzar con este conocimiento. Tómate tu tiempo. Recuerda, es un proceso. A medida que te familiarices con las prácticas que se detallan en las siguientes páginas, ¡celebra incluso los éxitos más pequeños! Ya sea un simple elogio o algún tipo de recompensa, es importante celebrarlo. Recuerda que todos los sentimientos son válidos. La diversidad es nuestra fortaleza, así que sigue adelante y disfruta cada fase de este proceso mientras creas tu propio camino.

El propósito de practicar la coherencia interna es reconectar neuronalmente tu cerebro y tu corazón. El sistema nervioso controla todos los demás sistemas. Hacerte amigo y trabajar con tu sistema nervioso es cómo se cultivan los superpoderes.

Encontrarás una imagen al final de este libro que ilustra la Teoría Polivagal (Dr. Stephen Porges). La zona inferior muestra tu sistema nervioso interoceptando seguridad, donde todos tus sistemas funcionan de manera óptima. La zona media describe el cambio cuando percibes peligro; tus recursos internos se activan para luchar o huir del peligro hasta que regreses a un estado de seguridad. Algunas de tus funciones incluso pueden apagarse o alterarse mientras te preparas para un ataque. La sección superior es el estado de congelamiento u abrumamiento. Es decir, "No puedo" pensar o sentir entumecimiento y colapso al enfrentar una amenaza a la vida.

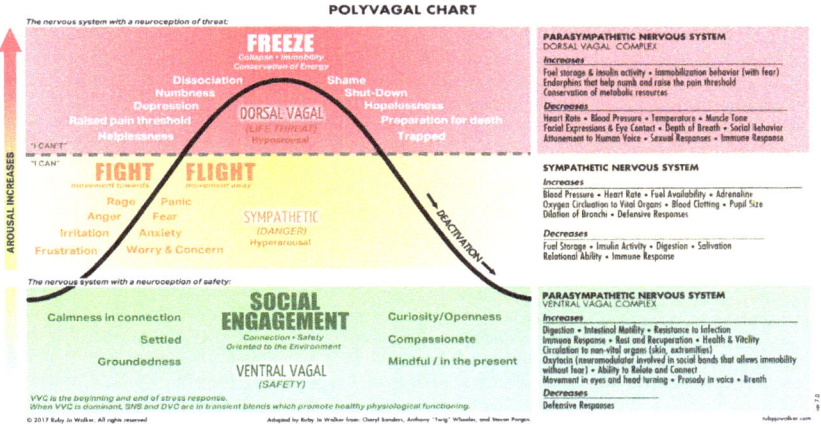

Funcionas mejor cuando percibes seguridad; incluso puedes restaurar el equilibrio (homeostasis) y sanar más fácilmente en ese estado. Sí, el cuerpo puede sanar. Este es el estado en el que debes pasar la mayor parte de tu tiempo, estando presente y conectando con los demás. Paz y alegría. ¿Notas cómo eres casi dos personas diferentes cuando sientes seguridad en comparación con cuando percibes peligro?

Quizás te des cuenta de que tu respiración se vuelve superficial y rápida cuando sientes peligro. Quizás hablas más rápido. Tal vez tus músculos se sienten de repente más tensos. Quizás no estás digiriendo bien los alimentos o tienes problemas con el sueño. Es diferente para cada persona. Recuerda, la conciencia es el primer paso. La interocepción crea conciencia. El siguiente paso es la aceptación; elige tu mejor camino a partir de ahí..

Escribe algunas ideas sobre estas dos preguntas:
¿Quién soy yo cuando siento peligro?
"Tiende a _____."
¿Quién soy yo cuando siento que estoy seguro?
"Soy _____."
Conócete la diferencia.

Una vez que desarrolles esta mayor conciencia de tu estado actual, comenzarás a hacer pausas y a verificarte automáticamente. Incluso podrías decidir salir de una habitación porque no te sientes bien, apagar el televisor, o "¡Ups, olvidé dejar el agua corriendo!" debido a esta mayor capacidad para percibir que algo no está bien. Tal vez incluso decidas dejar de pasar tiempo con una persona negativa o adoptar un nuevo pasatiempo o actividad.

- ¿Cómo es tu diálogo interior?
- ¿Es amable?
- ¿O es negativo?
- Todos enfrentamos pensamientos negativos.

"Los Pensamientos Negativos Automáticos (ANTs) son esos molestos invitados no deseados que rondan nuestra mente, nublan nuestro juicio y lastiman nuestra autoestima."

10.

Cultiva la Positividad vs. ANTs

Todos enfrentamos pensamientos negativos de vez en cuando. Estos ANTs son a menudo remanentes neuronales de una antigua estrategia de supervivencia que ya no nos sirve en la vida moderna. Nuestras mentes han desarrollado una tendencia a enfocarse en los aspectos negativos de la realidad para mantenernos a salvo en un mundo lleno de amenazas. Sin embargo, en el mundo actual, obsesionarnos con lo negativo puede perjudicar nuestra salud mental y bienestar.

Una forma efectiva de combatir los ANTs es contrarrestar cada pensamiento negativo con tres positivos. Cuando te sorprendas pensando negativamente, simplemente reconoce el pensamiento diciendo: "¡Cancelar, cancelar!" y luego reformúlalo de manera positiva. Cambia tu enfoque hacia tres aspectos positivos de tu vida o de la situación en cuestión. Al entrenar tu mente para enfocarse en lo positivo, puedes construir resiliencia frente a los ANTs y proteger tu salud mental cuando la vida se torne desafiante.

Práctica: *Cultiva un Diálogo Interno Amable*

Practica la gratitud:

Reflexiona regularmente sobre las cosas que aprecias en tu vida, grandes y pequeñas.

Reenfoca los desafíos:

Trata de ver los obstáculos como oportunidades para crecer y aprender, en lugar de problemas insuperables.

Celebra tus logros:

Reconoce tus logros y date crédito por tus esfuerzos, sin importar cuán menores parezcan.

Sé tu propio mejor amigo:

Habla contigo mismo con la misma compasión, comprensión y aliento que ofrecerías a un buen amigo.

Rodeate de positividad:

Busca personas de apoyo y optimistas que te eleven e inspiren..

Recuerda, experimentar pensamientos negativos es una parte normal de la experiencia humana. La clave es desarrollar una relación saludable con estos pensamientos y no permitir que dominen tu paisaje mental. ¡No creas todo lo que piensas! Al practicar de manera constante técnicas como contrarrestar los ANTs con pensamientos positivos, puedes moldear gradualmente tu diálogo interno para que sea más equilibrado, compasivo contigo mismo y resiliente.

"La seguridad es el tratamiento."

- STEPHEN PORGES PHD

11.

La Teoría Polivagal

Cuando tu sistema nervioso se activa en estados neurales de defensa, incluyendo los estados de lucha, huida o congelación, lo primero que cambia es tu conexión con tu corazón. Para sobrevivir, proteges tu corazón bloqueando tus sentimientos. Debes pensar con mucha claridad. Incluso puedes guardar esos sentimientos en una caja dentro de tu mente porque son tan abrumadores. Está bien. Puede que llegue un momento en el que los revisites.

Todos los sentimientos son válidos. Si los encuentras abrumadores, puedes optar por almacenarlos hasta que te sientas lo suficientemente seguro para abordarlos o aprender a manejarlos de manera diferente. Es ese sentimiento de "No puedo". Sea lo que sea, no puedo lidiar con esto ahora mismo. Esta es una táctica de supervivencia del sistema nervioso. Necesitas funcionar, no entrar en un estado de congelación. Afortunadamente, tienes esa opción. Requiere valentía decidir almacenar sentimientos abrumadores para más adelante. Sin embargo, necesitas honrar a tu corazón. No puedes simplemente pretender o negar... al menos no por mucho tiempo. "Estoy bien, estoy bien, en serio." Puede ser una respuesta al trauma en lugar de un hecho. La negación es una estrategia para algunos. Puede que descubras que necesitas ayuda para navegar esos sentimientos; planea hacerlo y dale un plazo para procesarlo con un profesional o un buen amigo.

Cuando percibes seguridad, te resulta más cómodo negociar con tus sentimientos. Puedes sentirlos. ¿Has oído la frase "Tienes que sentirlo para sanarlo"? También puedes notar que haces contacto visual más frecuentemente, sonríes más o incluso te conectas con otros más fácilmente.

Cuando puedes crear armonía y equilibrio dentro de ti mismo, eso se irradia hacia tu entorno como una frecuencia. Entonces, resuenas con una realidad externa que existe en armonía y equilibrio.

Todos los seres vivos pulsamos. La vida pulsa. Hay una fase de expansión y una fase de contracción en cada respiración y en cada latido del corazón. Cuando pierdes tu sentido de seguridad, el pulso se contrae pero no se expande completamente, por lo que la pulsación se vuelve más pequeña y restringida. Estás vivo, pero quizás no tan vibrante.

Cuando se restauran las pulsaciones completas a través de este trabajo, necesitas estar listo para la posibilidad de sentir emociones intensas. Si has estado insensible o apenas sintiendo algo durante un tiempo, estas pulsaciones completas pueden tomarte por sorpresa al principio. Puedes tener pensamientos como, "Esto se siente tan grande y tan crudo, podría abrumarme." Pero descubrirás que es solo un período de ajuste hacia tu pulso normal y saludable de la vida. No todas las emociones grandes son abrumadoras, así que mantente en el proceso si es posible. Respira a través de ello, date tiempo y sé paciente.

"El corazón es el guardián de nuestro santuario interior, guiándonos suavemente de regreso a la integridad con cada latido tierno."

12.

El Corazón

La conciencia y aceptación de tus sentimientos es el camino hacia tu superpoder más fuerte. Muchos de nosotros estamos conectados con nuestros corazones, pero muchas personas han elegido proteger sus corazones de una manera que los desconecta de sus sentimientos. Por eso se dice que "el viaje más largo es del cabeza al corazón". En todas partes ves evidencia de lo que la gente piensa. Pero no tanto sobre lo que (realmente) sienten. Sus sentimientos a menudo están ocultos o reprimidos por cosas como medicamentos, toxinas o miedo.

En la escuela, aprendemos que el corazón es una bomba. Sin embargo, el corazón es mucho más emocionante que eso. ¡En realidad está compuesto por siete capas de músculo que forman un vórtice! Este vórtice crea una succión muy fuerte. Así que, aunque el corazón bombea, el poder de la succión de este vórtice es lo que es tan asombroso. ¡Es toroidal!

El campo electromagnético del corazón puede extenderse aún más allá del campo energético electromagnético de todo tu cuerpo. El corazón incluso tiene su propio sistema nervioso. Las neuronas del corazón informan principalmente al cerebro; de ahí proviene la expresión "tuve un presentimiento". Nos han enseñado que es el cerebro el que piensa y el corazón el que siente, pero resulta que es el corazón el que informa al cerebro.

Ahora entendemos que los pensamientos no se originan dentro del cerebro; más bien, el cerebro es como una antena o receptor, y los pensamientos en realidad existen en el campo electromagnético. Así que, ¡no creas todo lo que piensas! Algunos de esos pensamientos ni siquiera son tuyos; simplemente los has recogido en el camino. Esto puede ayudarte a soltar pensamientos que ya no te sirven. A medida que descubres más de tu conexión interior, te vuelves más consciente de tus pensamientos. Incluso puedes usar afirmaciones para alterar pensamientos repetitivos.

La capacidad de restaurar la coherencia interna de tu sistema nervioso puede llevar a superpoderes. Tener la conciencia para "pausar" conscientemente, sentir el corazón y experimentar sentimientos positivos simultáneamente se vuelve cada vez más fácil SI recuerdas practicarlo. Esto puede ser un desafío si estamos en un estado activado, pero es fácil de practicar en cualquier lugar, en cualquier momento, y nadie necesita saber que lo estás haciendo. Algunos incluso usan notas adhesivas para recordarlo al principio o atan un cordón alrededor de su dedo o muñeca. ¡Campo de entrenamiento para superpoderes!

A veces, cuando piensas en hacer algo, una voz interior puede decir, "Nah, eso es demasiado difícil. Olvídalo." Pero si te esfuerzas, una vez que comienzas, estarás muy contento de haberte motivado y de estar disfrutando de un gran momento. Bueno, esa primera etapa es solo una fase del ciclo de motivación. Algunas personas atraviesan ese ciclo más fácilmente que otras. Empújate, pero suavemente. Visualiza el éxito y sigue adelante.

"El enraizamiento es el arte suave de anclarnos en el momento presente, encontrando estabilidad y equilibrio en medio de las mareas siempre cambiantes de la vida."

13.

Enraizamiento

Un gran porcentaje de tus neuronas están conectadas a tus 5 sentidos básicos. Los usas para ver, oír, saborear, tocar y oler. Ahora, puedes usar este conocimiento para acceder a tus Superpoderes.

Una vez que pases más tiempo sintiéndote seguro, comienzas a explorar y expandir tu conciencia. Una forma fácil de hacerlo es usando los 5 sentidos. La razón por la que funciona tan bien tiene que ver con uno de nuestros nervios, el nervio vago. Vago significa viajero, y este nervio viaja a cada uno de nuestros sistemas (digestión, circulación, etc.). El nervio vago puede cambiar instantáneamente todos los sistemas entre estados activados y no activados. Es el interruptor principal. Cuando este interruptor funciona correctamente, se dice que uno tiene un "buen tono vagal". Cuando no cambia, simplemente permanece en algún estado activado crónico (ansioso, deprimido, no puedo dormir, etc.) o se queda atrapado en un bucle neural, y eso puede desgastarnos rápidamente. Esto se conoce como tener un tono vagal deficiente.

Esta práctica también puede tomar unos momentos al principio; sin embargo, al practicarla a diario, pronto descubrirás que puedes hacerlo rápidamente y sin que nadie lo note, ¡y que funciona! Este truco neural puede ayudar a restablecer el sistema nervioso de vuelta a la seguridad desde los estados de lucha, huida o congelación.

IMPORTANTE:
Antes y después de esta práctica, recuerda escanear las cuatro listas para percibir tu estado neural actual.
¡Interocepción! ¡Así es como creas nuevas neuronas y perfeccionas nuevos poderes!

¿Listo?

Práctica: *Enraizamiento*

Toma una respiración profunda y déjala salir.

Ahora mira alrededor, incluso gira la cabeza y mira detrás, y describe lo que ves.

Nombra los objetos o elige un color y ve cuántas cosas puedes encontrar de ese color.

Escucha; ¿qué oyes? Descríbelo; ¿con qué oído lo escuchas?

¿Qué puedes oler? ¿O cuáles son dos de tus olores favoritos?

¿Qué puedes saborear? ¿O cuáles son dos de tus sabores favoritos?

Ahora, coloca tu mano sobre tu piel en algún lugar, como en tu brazo. Describe lo que sientes; ¿es suave o rugoso, húmedo o seco, frío o cálido, etc.? ¿Tu mano siente tu brazo? ¿Tu brazo siente tu mano?

Ahora, toma otra respiración profunda.

Finalmente, vuelve a escanear las listas de vocabulario y nota si algo ha cambiado. Toma notas. Escribe en tu diario. Con el tiempo, disfrutarás mirando atrás en estas experiencias. A medida que aprendas sobre tus cosas favoritas, puedes usarlas para hackear tu sistema nervioso cuando sientas que te estás activando. Tal vez reúnas un poco de aceite esencial de lavanda o romero, un caramelo de jengibre o chocolate, un diapasón o armónica, un trozo de seda o algo suave o esponjoso, y una pequeña nota de amor para ti mismo.

Algunos momentos son simplemente difíciles y solo necesitamos navegar a través de ellos. No poder 'hacer nada al respecto' puede sentirse traumático. Tener opciones sobre cómo puedes responder puede ayudarte a llegar a un mejor momento. ¡Inténtalo!

Crea un pequeño estuche sensorial para tener a la mano:

A medida que descubras más sobre las cosas que te gustan, puedes utilizarlas para reconectar tu sistema nervioso cuando sientas que estás siendo activado. Encuentra una pequeña bolsa que sea especial para ti y añade lo siguiente:

Algo que te guste oler,

Algo que te guste saborear,

Algo que te guste escuchar,

Algo que te guste mirar y

Texturas que te guste tocar.

Lleva esta bolsa contigo, y cuando sientas que podrías estar a punto de activar tu sistema nervioso, úsala para distraerlo y volver a sentirte tranquilo y presente.

"Justo cuando la oruga pensó que el mundo se acababa, se convirtió en mariposa."

- PROVERB

14.

Trabajo de Respiración

La forma más rápida de reconectar es a través de tu respiración. Cada vez que lo recuerdes, toma una respiración profunda y prolongada. Incluso puedes elegir soltar un sonido al exhalar... ahhhh. Concentrarte en la respiración puede ayudar a detener el "monkey mind" o el parloteo mental por un segundo. Ese segundo puede ser suficiente para recordarte que es momento de pausar y practicar Innercises.

Existen muchas técnicas en la respiración terapéutica, todas son efectivas, aunque algunas más que otras. Lo importante es que cada respiración es sagrada y tiene su propia conclusión natural. Por lo tanto, usa esas técnicas solo en la medida en que te funcionen. Retener la respiración puede ser complicado, pero respirar profundamente siempre es beneficioso. Si sientes tensión en la caja torácica, concédele atención a expandir tu abdomen y luego tu caja torácica al inhalar para ayudar a desbloquear el diafragma. El diafragma es un músculo en forma de panqueque en la base de la caja torácica; liberarlo puede marcar una gran diferencia en la profundidad de tu inhalación.

Además, enfócate en el área debajo de tus fosas nasales y encima del labio. ¿Puedes sentir el calor de tu aliento? ¿Humedad? ¿Puedes oír tu respiración? ¿Qué hueles?

Al practicar la respiración al estilo HeartMath, recuerda que esta estrategia se vuelve más poderosa cuando *puedes cerrar los ojos y SENTIR una sensación positiva.* No se trata de pensar en una sensación, sino de recordarla y *sentirla* en ese momento; vuelve a sentirla.

La raíz de la palabra corazón es latina; 'cour' se refiere a coraje. Se necesita coraje para sentir. Es nuestro corazón el que siente. Cuando tenemos miedo, realmente perdemos nuestra capacidad de sentir y nos adormecemos. Cuanto más cómodos estemos con nuestras emociones, mejor.

"No tienes que controlar tus pensamientos. Solo tienes que dejar de permitir que ellos te controlen."

- DAN MILLMAN

15.

Meditación

Algunas personas dicen cosas como, "Solo necesitas meditar." Lo que no se dan cuenta es que necesitamos sentirnos seguros para *poder* meditar. Puede que haya barreras que debes abordar primero. ¡No te rindas! Prueba con otras cosas que te hagan sentir seguro primero, como caminar en la naturaleza o cualquier actividad que te brinde tranquilidad, y luego vuelve a intentarlo. Incluso los meditadores expertos no pueden practicar cuando están en estados de defensa neural, como el de lucha, huida o congelación.

Recuerda que siempre tendrás un flujo de pensamientos; solo estás tratando de calmarlos por unos momentos mientras te concentras en tu respiración. Cuanto más practiques, mejor te resultará. Con el tiempo, se convertirá en un espacio interior del que seguramente te encariñarás. Disfruta del proceso.

Práctica: *Pre-Meditación*

🐑 *Crea un ritual diario de autocompasión usando frases y actividades que resuenen contigo.*

🐑 *Empezar tu día de esta manera favorece un tono vagal más alto con el tiempo.*

🐑 *Un ejemplo es tomar 10 respiraciones largas mientras sientes gratitud y amor.*

🐑 *Puedes añadir automasajes, estiramientos, cantar o cualquier otra cosa que elijas para ese día.*

🐑 *Revisa tu diálogo interno, asegúrate de que sea positivo y practica la autocompasión cuando enfrentes desafíos o angustia emocional.*

🐑 *Al fomentar la autocompasión, promueves la sanación y la resiliencia frente a traumas pasados, lo que se conoce como crecimiento postraumático.*

"El Escaneo Corporal es un viaje sagrado de autodescubrimiento, iluminando los paisajes ocultos dentro de nosotros y invitándonos a abrazar la totalidad de nuestro ser."

16.

Escaneo Corporal

Existen muchos estilos de meditación, y el escaneo corporal es una forma de conectar meditativamente. Practica enfocando tu atención como si fuera un sable de luz mientras recorres tu cuerpo. Quizás lo encuentres primero en tu corazón, luego llévalo hacia la parte superior de tu cabeza y siente cómo se mueve por tu cráneo, sobre tu frente, ojos, oídos, nariz y boca, bajando por la garganta, los pulmones, los hombros, brazos, manos y dedos, y descendiendo por todos tus órganos, tu columna vertebral, la pelvis, los muslos, rodillas, pantorrillas, tobillos, talones y dedos de los pies. ¡Uf! ¡Woosh!

Ahora intenta sentirlo como una cascada que arrastra todo aquello que ya no te sirve. O, alternativamente, siente cómo asciende desde la Tierra hacia tus pies, piernas, torso, etc., llenándote de una luz blanca sanadora en cada célula, restaurando el bienestar y liberando lo que ya no te beneficia.

Esta misma práctica puede usarse para la auto-sanación. Puedes incluso frotar tus manos para aumentar tu frecuencia energética y luego colocar tus manos en un área que te llame, como tu abdomen, cabeza o corazón. Juega con tu capacidad para extender tu energía desde dentro y recogerla nuevamente al finalizar.

Práctica: *Escaneo Corporal*

↳ *Encuentra una posición cómoda acostado, con los brazos a los lados y los ojos cerrados.*

↳ *Comienza desde tus pies y escanea lentamente tu cuerpo, prestando atención a las áreas de tensión, incomodidad o relajación.*

↳ *A medida que encuentres tensión, visualízala suavizándose y desvaneciéndose con cada respiración.*

↳ *Avanza progresivamente por tus piernas, torso, brazos, cuello y cabeza, observando y liberando cualquier tensión que encuentres.*

↳ *Concluye enfocándote en tu respiración y la sensación general de tu cuerpo en su totalidad.*

El Escaneo Corporal es una práctica poderosa de atención plena que consiste en enfocar sistemáticamente tu atención en diferentes partes de tu cuerpo, de la cabeza a los pies, con curiosidad, apertura y sin juicio. Existen muchas variaciones, y puedes adaptarla a tus necesidades. Al sintonizar con las sutilezas de la sensación física, puedes cultivar un sentido más profundo de presencia, auto-conciencia y auto-compasión.

El Poder del Escaneo Corporal con el tiempo:

1. **Mejora la conciencia corporal:** Te ayuda a desarrollar una comprensión más refinada y matizada de tu experiencia física, permitiéndote notar sensaciones, tensiones y áreas de alivio que podrías haber pasado por alto antes.

2. **Promueve la relajación:** Al dirigir tu atención a cada parte de tu cuerpo de manera sistemática, el Escaneo Corporal puede ayudarte a liberar tensión, calmar tu sistema nervioso y experimentar una profunda sensación de relajación y bienestar.

3. **Cultiva la auto-compasión:** El Escaneo Corporal te anima a acercarte a tu experiencia física con amabilidad, suavidad y aceptación, en lugar de con juicio o crítica. Esta actitud de auto-compasión puede extenderse más allá de la práctica, fomentando una relación más amorosa y aceptante contigo mismo y con tu cuerpo.

4. **Integra mente y cuerpo:** El Escaneo Corporal ayuda a cerrar la brecha entre tu experiencia mental y física, promoviendo un sentido de totalidad e integración. Al conectar con tu cuerpo de esta manera, puedes acceder a una sensación más profunda de arraigo, estabilidad y sabiduría interna.

Incorporar el Escaneo Corporal en tu rutina diaria puede ser una manera poderosa de cultivar una mayor auto-conciencia, auto-compasión y paz interior. Ya sea que practiques durante unos minutos o una hora completa, el Escaneo Corporal ofrece un espacio sagrado para el autodescubrimiento y el cuidado personal, invitándote a abrazar la plenitud de tu ser con cada respiración consciente.

"Nuestros sentidos son las puertas a través de las cuales experimentamos la riqueza y belleza del mundo que nos rodea, cada uno ofreciendo un portal único al momento presente."

17.

Los Cinco Sentidos

La atención y la intención siempre pueden jugar un papel crucial al trabajar con nuestros cinco sentidos. Recuerda, antes de cada práctica, aclarar tu intención y prestar realmente atención a lo que estás haciendo. Revisa las listas antes y después para notar cualquier cambio. Esto marca una gran diferencia. Lo que sea que hagas, tu atención e intención juegan un papel importante en los resultados.

Los cinco sentidos—la vista, el oído, el olfato, el gusto y el tacto—son herramientas poderosas para cultivar la atención plena, mantenernos en el momento presente y saborear la plenitud de nuestra experiencia. Al involucrarnos intencionalmente con cada sentido, podemos aumentar nuestra conciencia, profundizar nuestra apreciación por el mundo que nos rodea y encontrar mayor alegría y paz en la vida cotidiana.

Integrando los Cinco Sentidos:

- 🖐 **Momentos de atención plena:** Elige un sentido para enfocar durante una actividad específica, como escuchar atentamente el sonido del agua mientras lavas los platos o saborear el aroma de tu café matutino.

- 🧘 **Inmersión en la naturaleza:** Pasa tiempo en la naturaleza, involucrando todos tus sentidos para apreciar completamente la belleza y maravilla del mundo natural. Observa los colores del cielo, el aroma de la tierra, la textura de la corteza de los árboles y el sonido de las hojas al moverse.

- 🧘 **Meditación sensorial:** Crea una experiencia sensorial dedicada, como una ceremonia del té consciente o una caminata lenta y atenta por un jardín, involucrando cada sentido con intención y curiosidad.

Al cultivar una conciencia más profunda de nuestros cinco sentidos, podemos enriquecer nuestras vidas con mayor presencia y apreciación. Cada sentido ofrece un camino único hacia el momento presente, invitándonos a saborear la belleza y complejidad de nuestra experiencia. A través de la práctica regular y la intención, podemos desarrollar una relación más íntima y gozosa con nosotros mismos y con el mundo que nos rodea, una experiencia sensorial a la vez.

"Habla contigo mismo
como lo harías con
alguien a quien
amas."

- BRENÉ BROWN

18.

Sonido

¡Tu voz es tu principal poder!

La vibración de tu voz puede usarse para crear resonancia tanto interna como externamente. Los seres humanos han sabido esto durante mucho tiempo. Muchos en un camino espiritual utilizan su voz para meditar. Pueden hacer un sonido repetitivo como 'Ommmm…' o entonar palabras repetitivamente o incluso recitar oraciones. Esto puede cambiar poderosamente el sistema nervioso.

Es esta vibración, junto con la respiración, la que hace que tu voz sea un superpoder único. El nervio vago corre muy cerca de nuestro oído. Esto hace que el sonido sea un ámbito muy poderoso para explorar. Somos increíblemente sensibles a las frecuencias del sonido. Por ejemplo, puedes cambiar completamente el significado de una palabra hablada al alterar la entonación. Por ejemplo, la palabra 'No'. Puede usarse como una oración completa. Sin embargo, la entonación puede cambiar realmente el significado: 1. No se da permiso 2. No, es increíble 3. No, yo no 4. No, gracias y 5. ¿No? Todos esos significados diferentes pueden inferirse, dependiendo de la entonación.

El sonido de la voz de alguien puede impactar enormemente cómo nos sentimos. Escuchar la voz de alguien que tememos puede hacernos sentir ansiosos, incluso si no está cerca. Pero escuchar la voz de alguien que nos importa puede hacernos sentir calmados y seguros de inmediato. Nuestros cerebros están cableados de esta manera porque siempre hemos estado atentos a señales de peligro o seguridad.

Es muy divertido explorar todas las notas, ritmos y texturas que puedes producir solo exhalando mientras usas tu voz. Ya sea que rapees una melodía épica o hagas beatbox, todo proviene de ti. ¡Ese es el instrumento definitivo que necesitarás!

Otra cosa realmente increíble sobre usar tu voz y respiración para cantar, tararear o tocar un instrumento de viento es que te da una enorme ola de poder creativo. Cuando te das cuenta de que puedes llenar una habitación con armonías solo dando forma a los sonidos desde tus cuerdas vocales, ¡te hace sentir que todo es posible!

Y lo mejor es que esta habilidad es gratuita y siempre está disponible para ti. Se necesita valor para abrir la boca y dejar que esas cuerdas vocales vibren con orgullo. ¡Abraza esas vibraciones de rockstar interior y muestra al mundo la magia creativa que se esconde en tu respiración!

Para reiterar, el punto principal a recordar es que cuando percibes seguridad internamente, estás operando dentro de una rama de tu sistema nervioso. *Cuando te activas debido al peligro, dejas esa rama y operas desde una rama completamente diferente de nervios.* Es casi como si fueras una persona diferente en esos dos estados. Puedes notar esto en ti mismo o también en los demás. Esto puede brindarte compasión hacia los demás y hacia ti mismo. Por eso es importante aclarar en tu mente cómo eres cuando te sientes seguro y cómo eres cuando te sientes amenazado.

Bee Yoga Innercise

Coloca tus pulgares en tus oídos para bloquear el sonido mientras cubres tus ojos con los dedos, bloqueando tu visión. Con una inhalación profunda, exhala lentamente mientras haces el sonido de una abeja: "zzzzzzzzzzzzzzzzzzzzzzzzz…"

Este es uno de mis favoritos. El yoga de las abejas es una práctica antigua. En realidad, puede vibrar la glándula pineal o el tercer ojo. Puedes notar una sensación de vibración en tu cráneo. Incluso podrías sentir cómo la vibración se desplaza de un hemisferio a otro. Cuando termines, ¿qué notas? ¿Quizás una sensación de expansión dentro del cráneo?

Así que, de nuevo, la capacidad de enfocar esa vibración y moverla dentro del cuerpo, como si fuera una espada láser, puede convertirse en un superpoder. Puede que no te des cuenta de esto hasta que decidas experimentar y explorar conscientemente. ¡Cuanto más lo uses, más poderoso se vuelve!

Masaje de Oído Innercise

Dado que el nervio vago se encuentra tan cerca del oído, también es posible cambiar el sistema nervioso dándote un masaje en el oído. Prueba esto, y quizás te guste;

Masaje de Oído

Con el índice y el pulgar, aprieta suavemente tu lóbulo de la oreja y tira hacia abajo.
Luego, tira desde la zona media hacia atrás.
En la parte superior de tu oreja, tira hacia arriba.
Coloca tu dedo índice en el lóbulo de la oreja y haz círculos hacia adelante y hacia atrás en el área hundida; luego haz lo mismo en la parte superior de la oreja.
Ahora coloca tu dedo índice en la entrada del canal auditivo y empuja suavemente hacia adelante, hacia arriba, hacia atrás y hacia abajo varias veces, ambos oídos simultáneamente. Haz una pausa y nota los cambios.

Reinicio Visual

Acuéstate de espaldas con la nariz apuntando al techo.
Sin mover la cabeza, mueve tus ojos completamente hacia la izquierda durante 30 segundos.
Luego, suelta y mueve tus ojos completamente hacia la derecha durante 30 segundos. Regresa al centro y describe lo que notas.

"A través del lente de la vista consciente, el mundo se revela de nuevo, invitándonos a maravillarnos con la extraordinaria belleza oculta en los momentos ordinarios de la vida."

19.

Vista

La vista es uno de nuestros sentidos más poderosos y dominantes, jugando un papel crucial en cómo percibimos e interactuamos con el mundo que nos rodea. Nuestros ojos nos permiten captar una gran cantidad de información, desde los vibrantes colores de un atardecer hasta los intrincados detalles del rostro de un ser querido. Al aprender a aprovechar el poder de la vista a través de prácticas conscientes, podemos cultivar un sentido más profundo de presencia, gratitud y conexión con las maravillas visuales que nos rodean.

Nuestros ojos funcionan al captar la luz y convertirla en señales eléctricas que nuestro cerebro interpreta como imágenes. Este complejo proceso involucra la coordinación de muchas partes del ojo, incluyendo la córnea, el cristalino, la retina y el nervio óptico. La retina contiene millones de células sensibles a la luz llamadas conos y bastones, que nos ayudan a distinguir diferentes colores, formas y niveles de brillo.

Los Beneficios de la Vista Consciente:

1. **Aumento de la Apreciación y la Gratitud:** Al enfocarnos intencionalmente en la belleza visual que nos rodea, podemos cultivar un sentido más profundo de apreciación y gratitud por el mundo en el que vivimos. Esto puede ayudar a cambiar nuestra perspectiva hacia lo positivo y mejorar nuestro bienestar y felicidad general.

2. **Creatividad y Resolución de Problemas Mejoradas:** Participar en prácticas de visión consciente puede estimular nuestra imaginación y creatividad, al aprender a mirar el mundo de maneras nuevas e innovadoras. Esto también puede mejorar nuestras habilidades para resolver problemas, al estar más atentos a los detalles y patrones visuales que antes podríamos haber pasado por alto.

3. **Mejor Enfoque y Concentración:** Al entrenar nuestra mente para enfocarse en estímulos visuales, podemos mejorar nuestra capacidad general para concentrarnos y prestar atención. Esto puede ser particularmente beneficioso en el mundo acelerado y lleno de distracciones de hoy, donde puede ser un desafío mantenerse enfocado y presente.

4. **Mayor Conexión y Empatía:** La vista consciente puede ayudarnos a desarrollar un mayor sentido de conexión y empatía con los demás, al aprender a realmente mirar y apreciar las cualidades y experiencias únicas de quienes

nos rodean. Esto puede fomentar relaciones más profundas y significativas, y contribuir a un mayor sentido de comunidad y comprensión..

Incorporar prácticas de vista consciente en nuestra vida diaria puede tener un impacto profundo en nuestro bienestar general y en la percepción del mundo que nos rodea. Al aprender a ver con ojos nuevos y un corazón abierto, podemos desbloquear todo el potencial de este poderoso sentido, y descubrir nuevas capas de belleza, significado y conexión en nuestras experiencias cotidianas. Así que la próxima vez que abras los ojos, recuerda mirar de verdad, y permítete asombrarte con las maravillas visuales que te rodean..

"El tacto es el lenguaje del corazón, un recordatorio gentil de nuestra humanidad compartida y el poder curativo de la conexión."

20.

Tacto

1. *Revisa las listas de vocabulario neuronal que utilizaste en la primera práctica de Innercise para tener una idea de tu estado neuronal actual.*

2. *Coloca tu mano derecha debajo de tu axila izquierda y luego coloca tu mano izquierda sobre tu brazo derecho.*

3. *Solo haz una pausa y respira varias veces, hasta unos 3 minutos, dependiendo de tu estado actual.*

4. *¿Qué sientes? ¿Qué notas?*

5. *Vuelve a revisar las listas para notar si algo ha cambiado.*

El tacto es otro ámbito increíble de sanación. La frecuencia de energía que irradia desde tus manos puede convertirse en un superpoder. Frota tus manos juntas durante un minuto. Ahora enfrenta tus palmas entre sí y siente una pulsación, como un imán que atrae tus manos una hacia la otra y las empuja lejos. ¿Puedes sentir eso? Esta es una bola de tu energía que existe a una frecuencia sanadora. Ahora, coloca tus manos alrededor de un vaso de agua y usa tu intención para infundir esa agua con una frecuencia sanadora. El agua lleva frecuencias, y lleva Luz. Podemos usar esa sabiduría para restaurar frecuencias sanadoras al cuerpo. Recuerda, tu atención e intención son clave.

El tacto tiene el poder de ayudar a restaurar una sensación de seguridad interior. A menudo, te sentirás más asentado simplemente reafirmando tus límites a tu sistema nervioso.

El tacto es una necesidad humana fundamental, un sentido que nos conecta con el mundo que nos rodea y con los demás de maneras profundas y significativas. Desde el abrazo reconfortante de un ser querido hasta la sensación calmante de un baño caliente, el tacto tiene el poder de sanar, nutrir y transformar nuestro bienestar físico, emocional y espiritual.

Nuestra piel es el órgano más grande del cuerpo, y contiene millones de receptores que responden a diversas formas de contacto, incluyendo presión, temperatura y textura. Cuando experimentamos un toque positivo y nutritivo, nuestro cuerpo libera oxitocina, una hormona que promueve sentimientos de unión, confianza y relajación. Esta "hormona del abrazo" ha demostrado reducir el estrés, bajar la presión arterial y fortalecer la función inmunológica, destacando el papel vital que el tacto juega en nuestra salud y bienestar general.

Los beneficios del tacto consciente:

1. **Reducción del estrés y relajación:** Participar en prácticas de tacto consciente puede ayudar a activar la respuesta de relajación del cuerpo, reduciendo el estrés, la ansiedad y la tensión. Al llevar nuestra atención al momento presente y a las sensaciones del tacto, podemos calmar la mente y encontrar una sensación de paz y calma en medio del caos de la vida diaria.

2. **Mayor conciencia corporal y autocuidado:** El tacto consciente puede ayudarnos a desarrollar un sentido más profundo de conciencia corporal, afinándonos a las necesidades y mensajes de nuestros cuerpos. Al aprender a escuchar y responder a estas señales con un toque amoroso y nutritivo, podemos cultivar un mayor sentido de autocuidado y compasión, tratándonos con la amabilidad y gentileza que merecemos.

3. **Conexiones más profundas y empatía:** El tacto consciente puede fomentar conexiones más profundas y significativas con los demás, al aprender a comunicarnos a través del lenguaje del contacto físico. Al llevar nuestra plena presencia y atención a la experiencia de tocar y ser tocado, podemos cultivar una mayor empatía, comprensión e intimidad en nuestras relaciones, tanto platónicas como románticas.

4. **Mejora de la salud física y el bienestar:** Se ha demostrado que el toque regular y nutritivo tiene numerosos beneficios para la salud física, incluyendo el fortalecimiento de la

función inmunológica, la reducción de la presión arterial y la disminución del dolor crónico. Al incorporar prácticas de tacto consciente en nuestras vidas diarias, podemos apoyar los procesos de sanación natural de nuestro cuerpo y promover un bienestar físico general.

El tacto es una herramienta poderosa para la sanación, la conexión y la transformación, una que podemos aprovechar a través de la práctica de la conciencia plena. Al llevar nuestra plena presencia y atención a la experiencia del tacto, podemos acceder a la profunda sabiduría y energía nutritiva de este sentido vital, cultivando una mayor paz, alegría y bienestar en todos los aspectos de nuestras vidas. Así que adelante, toca el mundo que te rodea con un corazón abierto y una mente curiosa, y descubre el poder transformador de esta experiencia humana esencial.

Prácticas de Tacto Consciente:

1. **Auto-masaje:** Tómate unos minutos cada día para ofrecerte el regalo del tacto nutritivo a través del auto-masaje. Usa tus manos para amasar y frotar suavemente tu rostro, cuello, hombros, brazos y piernas, prestando atención a cualquier área de tensión o incomodidad. Utiliza movimientos lentos y circulares, y experimenta con diferentes niveles de presión, notando cómo tu cuerpo responde y se relaja bajo tu toque cariñoso.

2. **Abrazo consciente:** Cuando abraces a un ser querido, lleva toda tu atención a la experiencia del tacto y la

conexión. Nota el calor y la presión del abrazo, el ritmo de tu respiración y los sentimientos de amor y aprecio que surgen. Permítete estar plenamente presente en el momento, saboreando el confort y la alegría de este acto simple pero profundo de contacto.

3. **Exploración de texturas:** Reúne una variedad de objetos con diferentes texturas, como una pluma suave, una piedra rugosa, una concha lisa y un trozo de tela peluda. Tómate tu tiempo para explorar cada objeto con tus manos, notando las sutiles sensaciones y cualidades de cada textura. Permítete ser curioso y estar presente, descubriendo el carácter y la belleza únicos de cada objeto a través del poder del tacto.

4. **Caminar descalzo:** Encuentra un espacio natural seguro donde puedas caminar descalzo, como una playa arenosa, un campo de hierba o un suelo de bosque cubierto de musgo. Mientras caminas, lleva tu atención a las sensaciones de la tierra bajo tus pies, notando la temperatura, la textura y los contornos del suelo. Permítete sentirte conectado a la tierra, obteniendo fuerza y nutrición de este contacto primordial con la naturaleza.

"El olfato es un potente estimulante cerebral, capaz de mejorar la función cognitiva, el estado de ánimo y la memoria."

- RACHEL HERZ

21.

Olfato

El poder del olfato: Cómo afecta a tu sistema nervioso y bienestar

¿Alguna vez te has preguntado cómo tu sentido del olfato puede impactar tu estado de ánimo y bienestar general? Como uno de nuestros cinco sentidos, el olfato juega un papel significativo en la regulación de nuestro sistema nervioso y en la gestión del estrés.

Nuestro sentido del olfato está directamente conectado a la parte de nuestro cerebro que procesa emociones, recuerdos y comportamientos. Esta conexión permite que ciertos aromas desencadenen respuestas emocionales y evoquen recuerdos, lo que puede influir enormemente en nuestro estado de ánimo.

La aromaterapia es una práctica popular que aprovecha el poder del olfato para promover la relajación y reducir el estrés. Al usar aceites esenciales o velas aromáticas con fragancias calmantes como lavanda, vainilla o manzanilla, puedes ayudar a tu sistema nervioso a relajarse y encontrar equilibrio.

Los olores agradables también pueden ayudar a reducir los niveles de cortisol, la principal hormona del estrés en el cuerpo. Cuando te encuentras con un aroma reconfortante, puede señalarle a tu cuerpo que se relaje y reduzca el estrés, permitiendo que tu sistema nervioso se autorregule de manera más efectiva.

Además de sus beneficios emocionales, tu sentido del olfato juega un papel vital en el apetito y la digestión. El aroma de la comida puede estimular la producción de saliva y enzimas digestivas, preparando tu cuerpo para recibir el alimento.

Ciertos aromas, como la menta y los cítricos, han demostrado mejorar la alerta, la concentración y la claridad mental. Al incorporar estos aromas en tu entorno, puede resultarte más fácil mantenerte enfocado y productivo.

Por último, el simple acto de tomar una respiración profunda e inhalar un aroma agradable puede promover la relajación y el alivio del estrés. La respiración profunda activa el sistema nervioso parasimpático, lo que ayuda a calmar el cuerpo y la mente.

Al entender la poderosa influencia del olfato en tu sistema nervioso, puedes usar este conocimiento para promover la autorregulación y mejorar tu bienestar general. Intenta incorporar aromas agradables en tu vida diaria, explora la aromaterapia y tómate momentos para apreciar los buenos olores a tu alrededor. ¡Tu sistema nervioso te lo agradecerá!

El gusto es una puerta de entrada sensorial al sistema nervioso, que da forma a nuestras percepciones, emociones y respuestas fisiológicas.

22.

Gusto

El gusto es uno de los cinco sentidos que juega un papel importante en nuestra vida cotidiana. No solo nos ayuda a disfrutar de diferentes sabores, sino que también influye en nuestro estado de ánimo, recuerdos y salud en general.

Cuando comemos, nuestra lengua y boca envían señales al cerebro sobre el sabor de la comida. Esta conexión entre el gusto y el cerebro es la razón por la que ciertos alimentos pueden hacernos sentir emociones específicas o recordarnos experiencias pasadas.

Los alimentos reconfortantes, como un plato caliente de sopa o una porción de tarta casera, a menudo nos hacen sentir bien. Esto se debe a que el sabor y el olor de estos alimentos pueden hacer que el cerebro libere químicos "de bienestar" como la serotonina y la dopamina.

Por otro lado, los sabores amargos o ácidos a veces pueden hacernos sentir mal. Se cree que esta es una respuesta incorporada para ayudarnos a evitar comer alimentos que podrían ser venenosos o estar en mal estado. Sin embargo, algunas personas aprenden a disfrutar de estos sabores con el tiempo.

El gusto también juega un papel en el control de nuestro apetito y hábitos alimenticios. Cuando comemos algo delicioso, el sistema de recompensa de nuestro cerebro se activa, haciéndonos querer seguir comiendo. Esto puede ser un problema con los alimentos azucarados o grasos, ya que comer en exceso puede llevar a problemas de salud.

Comer conscientemente implica prestar mucha atención a la experiencia de comer, involucrando todos tus sentidos y estando completamente presente en el momento.

1. **Elige un alimento:** Selecciona una pequeña porción de un alimento que te guste, como una fruta, un snack pequeño o una sola pasa.

2. **Involucra tus sentidos:** Antes de comer, tómate un momento para observar el alimento utilizando todos tus sentidos. Mira sus colores, formas y texturas. Nota cualquier aroma. Siente su peso en tu mano o en el tenedor.

3. **Ve despacio:** Cuando estés listo para comer, toma un pequeño bocado y mastica lentamente. Concéntrate en las sensaciones en tu boca, como la textura, la temperatura y los sabores del alimento.

4. **Saborea la experiencia:** Mientras masticas, presta atención a cómo cambian el sabor y la textura con el tiempo. Nota cualquier pensamiento o emoción que

surja, pero intenta dejarlos pasar sin juzgar, volviendo tu enfoque a las sensaciones de comer.

5. **Revisa tu cuerpo:** A medida que continúas comiendo, detente periódicamente para revisar tu cuerpo. Nota cualquier sensación de hambre, saciedad o satisfacción. Pregúntate si estás disfrutando del alimento y si deseas seguir comiendo.

6. **Practica la gratitud:** Antes de terminar tu ejercicio de comer conscientemente, tómate un momento para reflexionar sobre la experiencia y aprecia la nutrición y el disfrute que el alimento te ha proporcionado.

Al incorporar la alimentación consciente en tu rutina diaria, puedes desarrollar una mayor apreciación por tus alimentos, mejorar tu relación con la comida y cultivar un enfoque más consciente en la vida en general. Recuerda, comer conscientemente es una práctica y puede llevar tiempo desarrollar esta habilidad. Sé paciente contigo mismo e intenta abordar la experiencia con curiosidad y apertura.

Comer conscientemente es una manera de ser más conscientes de cómo saben los alimentos y de desarrollar una mejor relación con lo que comemos. Al disfrutar cada bocado, prestar atención a los sabores y notar cómo se siente nuestro cuerpo, podemos tomar mejores decisiones sobre los alimentos que consumimos.

El gusto no solo afecta nuestro estado de ánimo, sino que también ayuda a nuestro cuerpo a regular varias funciones. Por ejemplo, el sabor de la comida puede hacer que produzcamos más saliva y enzimas digestivas, lo que ayuda a nuestro cuerpo a procesar y utilizar los nutrientes de lo que comemos.

Al comprender la importancia del gusto en nuestras vidas, podemos usarlo para mejorar nuestro bienestar emocional y tomar decisiones más inteligentes sobre los alimentos que consumimos. Así que, la próxima vez que tengas una comida, tómate un momento para realmente saborear y disfrutar los sabores, y recuerda que el gusto no solo se trata de la experiencia, sino también de cuidar tu mente y tu cuerpo.

Los Innercises pueden ayudar a regular el sistema nervioso y promover la relajación.

23.

Más Innercises

Conecta con tus Sentidos

> ⅋ *Disfruta de tu té caliente favorito con plena consciencia.*
>
> ⅋ *Percibe el calor, el aroma, el sabor y cómo te hace sentir.*

Nuestros sentidos pueden darnos pistas sobre lo que tu mente y cuerpo necesitan en cada momento. Prueba estas prácticas sensoriales:

> ⅋ *Tómate un descanso de tecnología de 10 minutos.*
>
> ⅋ *Sin pantallas ni teléfonos. ¿Qué notas? ¿Qué vistas, sonidos, olores, sabores y texturas puedes percibir más fácilmente sin esas distracciones?*
>
> ⅋ *Date una ducha o baño consciente: siente el agua, escucha los sonidos, huele los jabones y vive la experiencia por completo.*

Muévete y respira:

El movimiento físico y la respiración enfocada ayudan a reducir
la ansiedad..

> ⟲ *Haz una caminata rápida de 10 minutos al aire libre,*
> *prestando atención a las sensaciones del caminar.*
>
> ⟲ *Luego, sacúdete: mueve las manos, los pies y el cuerpo*
> *de manera relajada mientras respiras profundamente*
> *durante 30 segundos para liberar la tensión.*
>
> ⟲ *Prueba secuencias de yoga como los Saludos al Sol para*
> *conectar de manera consciente el movimiento con la*
> *respiración*

Fomenta la conexión

Las relaciones de apoyo mejoran tu salud mental.
Puedes:

> ⟲ *Habla abiertamente sobre cómo te sientes con alguien*
> *en quien confíes.*
>
> ⟲ *Haz cumplidos sinceros para alegrar el día de alguien.*
>
> ⟲ *Dedica tiempo de calidad con un amigo o familiar*
> *haciendo una actividad que ambos disfruten.*
>
> ⟲ *Haz voluntariado en tu comunidad; ayudar a los demás*
> *reduce el estrés.*

Descansa adecuadamente

Un buen descanso y relajación mejora el estado de ánimo y la concentración. Intenta:

- Acostarte y levantarte a la misma hora todos los días para establecer una rutina de sueño.
- Apagar las pantallas al menos una hora antes de dormir.
- Realizar actividades relajantes antes de acostarte, como leer, practicar yoga suave o tomar una infusión de hierbas.
- Usar un spray de lavanda para la almohada o reproducir ruido blanco para crear un ambiente relajante para dormir.

Tomar siestas cortas de 10 a 20 minutos durante el día si necesitas recargar energías.

Conecta con tu creatividad

Expresarte creativamente ayuda a reducir la ansiedad. Algunas ideas:

- Empieza un diario o cuaderno para plasmar tus pensamientos y sentimientos.
- Crea arte, poemas, música o collages de fotos para expresar tus emociones.
- Dedica tiempo a pasatiempos como tocar un instrumento, tejer o dibujar.
- Únete a una obra de teatro escolar para actuar y meterte en diferentes roles.
- Comparte tus creaciones con amigos y familiares que te apoyen.

Fomenta la autoconfianza

Creer en ti mismo te da el poder para enfrentar desafíos. Puedes:

- *Haz una lista de tus cualidades positivas, fortalezas, habilidades y valores. Léela cuando te sientas decaído.*

- *Establece metas pequeñas y alcanzables, y celebra cada una que completes.*

- *Escucha charlas o podcasts inspiradores sobre autoestima y mentalidad de crecimiento.*

- *Sé amable contigo mismo: háblate como lo harías con un buen amigo.*

Busca Apoyo Si Lo Necesitas

Es valiente pedir ayuda para enfrentar los desafíos de salud mental. Considera:

- *Hablar con un maestro, consejero o familiar de confianza sobre tus preocupaciones.*

- *Unirte a un grupo de apoyo con personas que enfrentan problemas similares.*

- *Consultar a un terapeuta o consejero para aprender habilidades de afrontamiento y procesar tus emociones.*

- *Llamar a una línea de crisis si necesitas apoyo inmediato.*

Sigue explorando el autocuidado

Cuidar tu salud mental es un proceso continuo y de toda la vida.

Revisa regularmente qué prácticas de autocuidado te funcionan a medida que evolucionan tus necesidades.

Haz del autocuidado una prioridad: ¡tu salud mental es importante!

Aprende nuevas herramientas para cuidar tu mente, cuerpo, emociones, creatividad y espíritu.

Busca ayuda cuando la necesites: no tienes que enfrentarlo solo.

"Cuando el sistema nervioso identifica seguridad, la fisiología fomenta el crecimiento y la restauración de la salud."

- STEPHEN PORGES

Conclusión

A medida que llegamos al final de este viaje juntos, recuerda que nunca estás solo. Eres una parte importante de este vasto y conectado Universo. Tus experiencias personales, aunque puedan parecer individuales, también apoyan al conjunto de la humanidad y resuenan a lo largo del Universo. Tu propósito es tanto personal como universal. Eres un mensajero de sabiduría y una fuerza para el cambio positivo. Al encarnar el amor, la bondad y el autocuidado a través de la práctica diaria de INNERCISES, ayudas a elevar la vibración colectiva, contribuyendo al despertar y evolución de toda la humanidad.

Cada historia que compartes, cada perspectiva que adquieres, tiene el poder de guiar a otros en su propio camino de autodescubrimiento y sanación. Abraza tus dones y perspectivas únicas, pues son faros que iluminan el camino para aquellos que puedan estar luchando. ¡Brilla!

Recuerda el poder infinito que reside dentro de ti. Reconoce la interconexión de toda la existencia y sabe que tu propósito divino guía tu camino. Tienes la capacidad de dominar tu experiencia humana despertando la fuerza, el poder y la sabiduría que yacen dormidos dentro de ti a través de la práctica diaria de Innercises.

Como una sinfonía musical, el Universo armoniza el libre albedrío, las energías interconectadas y las infinitas posibilidades. Eres tanto el creador como el creado, el soñador como el sueño. Tu intrincado diseño está hecho para este llamado superior: cultivar la paz interior, nutrir tu bienestar y irradiar tu luz al mundo.

Juntos, este enfoque multidisciplinario y la práctica de Innercises somáticos son tus puertas hacia el autodescubrimiento y el poder interior. Son herramientas para nutrir tu espíritu y desbloquear el vasto conocimiento que reside en la quietud de tu ser. Dedica tiempo a prácticas diarias, meditación, reflexión y autocuidado que resuenen contigo. En la claridad de tu propia conexión, encontrarás los próximos pasos en tu camino iluminados.

Es el momento de abrazar tu poder, de vivir con la certeza de que estás rodeado de amor y apoyo incondicional, guiándote mientras navegas por este viaje transformador de crecimiento y sanación.

Recuerda, eres la clave para tu bienestar y el despertar colectivo. A través de tu coraje, auto-compasión y compromiso con el crecimiento personal, ayudas a dar vida a una nueva era de unidad, entendimiento y plenitud. Cada paso que tomas, cada respiración que haces, cada Innercise que practicas nos mueve a todos hacia un nuevo horizonte de paz interior y mayor poder.

Así que, sigue brillando tu luz, sigue compartiendo tus historias y sigue nutriendo tu propio bienestar. Juntos, podemos construir un mundo donde las prácticas de autocuidado mental sin costo sean celebradas y aceptadas como un camino hacia la plenitud y donde todos se sientan empoderados para convertirse en la mejor versión de sí mismos.

Glosario

Activación: Sentirse realmente agitado y exaltado, tanto física como emocionalmente, en reacción a cosas aterradoras o desencadenantes.

Apaciguamiento: Intentar calmar a alguien o algo que parece amenazante siendo muy amable y dando lo que quiere.

Sistema Nervioso Autónomo (SNA): La parte de tu sistema nervioso que controla funciones automáticas del cuerpo, como la respiración, el ritmo cardíaco, la digestión, etc., sin necesidad de pensarlo.

Hacer amigos: Un estado cerebral en el que quieres conectar con otros y recibir su apoyo cuando las cosas se ponen estresantes o peligrosas.

Límites: Reglas y límites personales que estableces para proteger tu espacio físico, emocional y mental de ser invadido.

Coherencia: Cuando tu cuerpo y mente están completamente en sintonía y armonizados.

Colapso: Un estado cerebral en el que te apagas física y mentalmente, como si estuvieras paralizado y no pudieras funcionar en absoluto.

Co-regulación: Cómo dos o más personas influyen y ayudan a regular el estado físico y emocional del otro a través de sus interacciones.

Descarga: Liberar la energía y tensión acumuladas en tu cuerpo tras un evento realmente traumático para que tu sistema nervioso pueda relajarse y volver a la normalidad.

Disregulación: Cuando no puedes controlar tus estados físicos o emocionales.

Encarnación: Integrar las sensaciones corporales, emociones y pensamientos en una experiencia completa.

Regulación Emocional: La capacidad de reconocer, entender y procesar tus emociones de manera efectiva para mantener el equilibrio y relacionarte con los demás.

Anatomía Experimental: Aprender sobre la anatomía de tu cuerpo a través de tus propias experiencias y la conciencia de las sensaciones físicas.

Agradar: Intentar complacer a los demás y ser muy accesible para sentirte seguro y evitar amenazas.

Sensación Sentida: Una sensación corporal completa que te da una comprensión intuitiva y visceral de tus sensaciones internas y emociones.

Pelea: Un estado cerebral en el que quieres enfrentarte y luchar contra lo que te amenaza.

Respuesta de Lucha o Huida: La reacción automática de tu cuerpo y mente ante el peligro, controlada por tu sistema nervioso simpático, que te prepara para luchar o escapar.

Huida: Un estado cerebral en el que quieres alejarte y escapar de la amenaza que enfrentas.

Congelamiento: Un estado cerebral en el que te sientes tan abrumado que quedas paralizado e inerte ante una amenaza, como una forma de protegerte.

Respuesta de Congelamiento: Cuando te paralizas, te apagas y te desconectas como estrategia de supervivencia para mantenerte a salvo.

Enraizamiento: Técnicas que te ayudan a mantenerte presente, conectado a tu cuerpo y consciente de tu entorno físico para sentirte estable y seguro.

Interocepción: Tu capacidad para sentir y entender las sensaciones que ocurren dentro de tu cuerpo, como emociones, corazonadas y otros procesos físicos.

Mindfulness (Atención Plena): La práctica de prestar atención cercana y sin juicios al momento presente, siendo consciente de tus pensamientos, sensaciones y emociones tal como son.

Movilización: Un estado cerebral en el que tu cuerpo y mente se ponen muy alertas, activos y listos para la acción en respuesta a una amenaza.

Neuronal: Todo lo relacionado con tu sistema nervioso o células cerebrales.

Neurocepción: La capacidad inconsciente de tu cerebro para detectar si una situación es segura, peligrosa o socialmente atractiva basada en las señales que capta.

Orientación: Llevar tu atención al momento presente y a tu entorno para sentirte seguro y enraizado.

Pendulación: El balanceo natural entre sentirse exaltado y luego relajado mientras tu sistema nervioso se recupera.

Teoría Polivagal: Una teoría del Dr. Stephen Porges que explica cómo tu sistema nervioso autónomo controla tu comportamiento social y estados emocionales.

Postura: Cómo está alineado tu cuerpo, incluyendo tus huesos, músculos y equilibrio general.

Regulación: La capacidad de controlar tus estados físicos y emocionales.

Trauma Relacional: Trauma que proviene de malas experiencias en relaciones, a menudo negativas o prolongadas con personas cercanas a ti.

Resiliencia: La capacidad de adaptarte, afrontar y recuperarte de experiencias difíciles o traumáticas mientras te sientes bien contigo mismo.

Reposo y Digestión: Un estado cerebral en el que tu cuerpo se relaja completamente y se enfoca en restaurarse, controlado por tu sistema nervioso parasimpático.

Recursos: Construir fortalezas internas y sistemas de apoyo externos para ayudarte a regularte y sentirte seguro al enfrentar trauma.

Auto-compasión: Tratarte con amabilidad, comprensión y aceptación, especialmente cuando estás pasando por un momento difícil.

Auto-regulación: La capacidad de gestionar y controlar tus estados internos, emociones y comportamientos para mantener el equilibrio y sentirte bien.

Somático: Todo lo relacionado con tu cuerpo físico y sensaciones corporales.

Conciencia Somática: Ser consciente de las sensaciones en tu cuerpo, cómo te mueves y tus experiencias sentidas en general.

Experiencia Somática: Un tipo de terapia que se enfoca en tus experiencias físicas y sensoriales para ayudarte a sanar de traumas.

Inteligencia Somática: Tu capacidad para usar tus sensaciones corporales, emociones e instintos para tomar decisiones, resolver problemas y crecer como persona.

Resiliencia Somática: La capacidad de tu cuerpo y sistema nervioso para adaptarse, recuperarse y volver al equilibrio después de pasar por estrés, trauma o disregulación.

Estados de Defensa Neural: Diferentes maneras en las que tu sistema nervioso reacciona para protegerte de amenazas o peligros percibidos.

Expresión Simbólica: Usar elementos no verbales como arte, movimiento o escritura para expresar y procesar tus emociones, experiencias y estados internos.

Sistema Nervioso Simpático: La parte de tu sistema nervioso que activa la respuesta de "lucha o huida."

Titración: Explorar lentamente y con cuidado tus experiencias traumáticas a un ritmo que permita a tu sistema nervioso procesarlas sin abrumarse.

Toque y Trabajo Corporal: Terapias que involucran tocar físicamente el cuerpo, como masajes o acupuntura, para apoyar la sanación y regulación.

Seguimiento: Prestar atención a las sensaciones, movimientos y cambios en tu cuerpo para aumentar la auto-conciencia y regulación.

Trauma: Experiencias extremadamente difíciles y abrumadoras que son demasiado para manejar, a menudo desregulan tu sistema nervioso y causan problemas continuos.

Vórtice de Trauma: Un estado de disregulación en el que los recuerdos y sensaciones traumáticas se vuelven tan intensos y abrumadores que son muy difíciles de procesar.

Nervio Vago: El nervio más largo de tu cuerpo que juega un papel crucial en el control de muchas funciones corporales. Activa todos los sistemas a la vez en respuesta a estados de defensa neural (lucha, huida, congelamiento).

Ventana de Tolerancia: El rango ideal de niveles de activación física y emocional en el que puedes manejar el estrés de manera efectiva y participar en comportamientos saludables.

	Mis pensamientos	Me siento	Mi cuerpo está...	Mis acciones son:
Cuando estoy seguro:	Curioso Mente clara Creativo Flexible Enfoque y concentración Perspectiva positiva	Feliz Alegría Amor Estado de ánimo equilibrado Agradecido Seguro de mí mismo	Vibrante Músculos relajados Respiración regular Ritmo cardíaco moderado Digestión y eliminación fáciles Movimientos faciales expresivos Prosodia vocal atenta	Atento Receptivo Interactivo Paciente Confiado
Cuando estoy en lucha o huida:	Sobrecargado o distraído Concentración difícil Perspectiva negativa Rígido Pensamientos repetitivos Pensamientos rápidoss	Irritable Gruñón Molesto Rencoroso Enojado Enfurecido Preocupado Ansioso Miedo Terror Pánico	Músculos tensos Respiración rápida y superficial Ritmo cardíaco acelerado Manos y pies fríos Sudoroso y caliente Boca seca Mala digestión Estreñimiento Inquieto Agitado Tembloroso Habla rápida Ojos que se mueven Sueño deficiente	Impaciente Centrado en uno mismo Confrontacional Evitativo Defensivo Ofendido
Cuando estoy congelado:	Desesperanza Estancado Atrapado Congelado Desordenado Espacial Soñador Confusión Mente en blanco Olvidadizo	Entumecido Apático Vergüenza Paralizado Shock	Músculos muy tensos o demasiado blandos Ritmo cardíaco lento Respiración lenta y superficial Entumecimiento Mareos Pálido Visión borrosa Expresión facial plana Voz monótona Torpe	Desconectado No receptivo Apagado Desconectado Aislado

POLYVAGAL CHART

The nervous system with a neuroception of threat:

AROUSAL INCREASES

"I CAN'T"

FREEZE
Collapse • Immobility
Conservation of Energy

Dissociation
Numbness
Depression
Raised pain threshold
Helplessness

Shame
Shut-Down
Hopelessness
Preparation for death
Trapped

DORSAL VAGAL
(LIFE THREAT)
Hypoaroused

FIGHT
movement towards

Rage
Anger
Irritation
Frustration

FLIGHT
movement away

Panic
Fear
Anxiety
Worry & Concern

SYMPATHETIC
(DANGER)
Hyperarousal

DEACTIVATION →

The nervous system with a neuroception of safety:

SOCIAL ENGAGEMENT
Connection • Safety
Oriented to the Environment

VENTRAL VAGAL
(SAFETY)

Calmness in connection
Settled
Groundedness

Curiosity/Openness
Compassionate
Mindful / in the present

PARASYMPATHETIC NERVOUS SYSTEM
DORSAL VAGAL COMPLEX

Increases

Fuel storage & insulin activity • Immobilization behavior (with fear)
Endorphins that help numb and raise the pain threshold
Conservation of metabolic resources

Decreases

Heart Rate • Blood Pressure • Temperature • Muscle Tone
Facial Expressions & Eye Contact • Depth of Breath • Social Behavior
Attunement to Human Voice • Sexual Responses • Immune Response

SYMPATHETIC NERVOUS SYSTEM

Increases

Blood Pressure • Heart Rate • Fuel Availability • Adrenaline
Oxygen Circulation to Vital Organs • Blood Clotting • Pupil Size
Dilation of Bronchi • Defensive Responses

Decreases

Fuel Storage • Insulin Activity • Digestion • Salivation
Relational Ability • Immune Response

PARASYMPATHETIC NERVOUS SYSTEM
VENTRAL VAGAL COMPLEX

Increases

Digestion • Intestinal Motility • Resistance to Infection
Immune Response • Rest and Recuperation • Health & Vitality
Circulation to non-vital organs (skin, extremities)
Oxytocin (neuromodulator involved in social bonds that allows immobility
without fear) • Ability to Relate and Connect
Movement in eyes and head turning • Prosody in voice • Breath

Decreases

Defensive Responses

VVC is the beginning and end of stress response.
When VVC is dominant, SNS and DVC are in transient blends which promote healthy physiological functioning.

Adapted by Ruby Jo Walker from: Cheryl Sanders, Anthony "Twig" Wheeler, and Steven Porges.

ver 7.0

rubyjowalker.com

www.ingramcontent.com/pod-product-compliance
Lightning Source LLC
Chambersburg PA
CBHW051215120626
46547CB00013B/1359